Schlau für die Schule

Mein bunter Buchstaben-Block

Konzept und Text von Christine Mildner
Bilder von Sabine Rothmund

Dieser Buchstaben-Block gehört:

____________________ ____________________

(Vorname) (Nachname)

CARLSEN

Hallo,
schön, dass du dir diesen Buchstaben-Block ausgesucht hast und die vielen bunten Aufgaben darin lösen möchtest! Du kannst diese der Reihe nach bearbeiten oder auch durcheinander – ganz so, wie es dir am besten gefällt.

Am Ende des Blocks findest du die Lösungen.
Dort kannst du kontrollieren oder auch mal schauen, wenn dir eine Aufgabe noch zu schwer ist und du nicht weiterkommst. Aber schummeln gilt nicht!

Wenn du mit den Seiten fertig bist, kannst du dir noch ein Kartenspiel mit allen Buchstaben basteln, die du dann schon gut kennst.

Wir wünschen dir viel Spaß
mit deinem Buchstaben-Block!

Mops-Parade

Die Möpse sehen alle gleich aus! Doch zwei sind ein bisschen anders. Schau genau hin und kreise sie ein.

Auf dem Bauernhof

Schreibe die Zahlen an die richtigen Stellen im Bild.
Male es bunt an.

A wie Ampel

Verbinde die Bilder, die mit einem **A** anfangen, mit dem Buchstaben in der Mitte.

Süße Früchte

Zwischen all dem Obst haben sich ein paar Süßigkeiten versteckt. Finde sie und kreise sie ein.

Fahrzeug-Vergleich

Nur ein Bild in der Reihe sieht genauso aus wie das erste. Male es mit denselben Farben an.

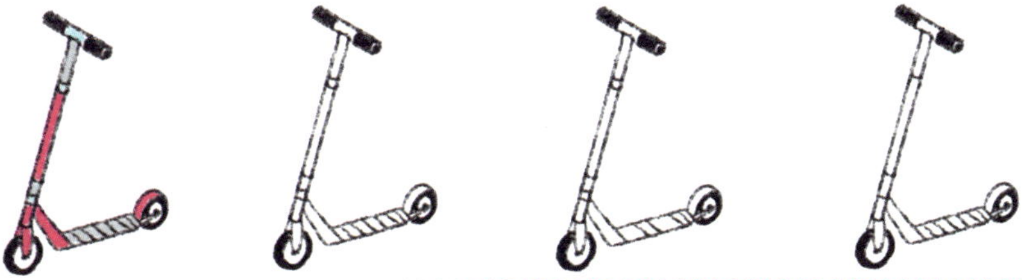

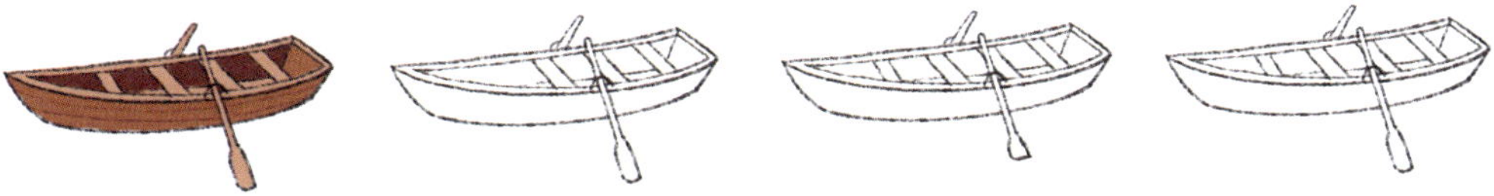

Schreibe das große A!

Fahre das große A mit 5 verschiedenen bunten Stiften nach.

Dieses Tier ist ein großer Vogel und sein Name beginnt mit einem A. Schreibe den Anfangsbuchstaben in das Kästchen.

☐ DLER

Hier kannst du das A üben:

A A A A

A A A A

Kennst du diesen Buchstaben?

Fahre die gestrichelten Linien nach und lass die bunten Schmetterlinge über eine Blumenwiese fliegen.

Was für ein Chaos!

Die Strümpfe sind frisch gewaschen und hängen auf der Wäscheleine. Welche 2 gehören zusammen? Verbinde. Ein Strumpf bleibt übrig.

Auf dem Meer

Fahre die Wellen in Dunkelblau, die Wolken in Hellblau und die Fischschuppen in Grün nach. Magst du ein Schiff auf die Wellen setzen?

Leben im Watt

Zähle alle Seesterne, Muscheln und Schnecken.

Es sind ☐  , ☐  und ☐  .

Gleich und gleich gesellt sich gern!

Immer zwei Raupen sind genau gleich – verbinde sie.
Eine Raupe ist allein, male ihr einen Freund dazu.

Im Zirkus

Der Clown zeigt seine Kunststücke. Male das Bild richtig an.

Er hat eine rote Nase  und rote Schuhe .

Sein Hut  und seine Hose  sind grün.

Seine Haare  sind orange.

Er wirft viele bunte Bälle  in die Luft.

Nur geträumt

Dinodame Daria denkt an ihre Freundinnen. Deren Namen beginnen alle mit einem **D**. Male sie an.

Schreibe das große E!

Fahre das große **E** mit 5 verschiedenen bunten Stiften nach.

Dieses Wassertier hat am Anfang und am Ende seines Namens ein **E**. Schreibe beide **E** in die Kästchen.

☐ NT ☐

Hier kannst du das **E** üben:

E E E E

E E E E

Klingt ganz ähnlich!

Welche 2 Wörter in einer Reihe reimen sich?
Sprich die Wörter laut aus und male dann die beiden Bilder aus, die sich reimen.

Lust auf Eis?

Lulu und Momo möchten ein Eis essen. Der Kiosk ist in der Mitte der Stadt. Sie dürfen nur die Straßen mit einer grünen Ampel nutzen. Zeichne ihre Wege in zwei Farben ein.

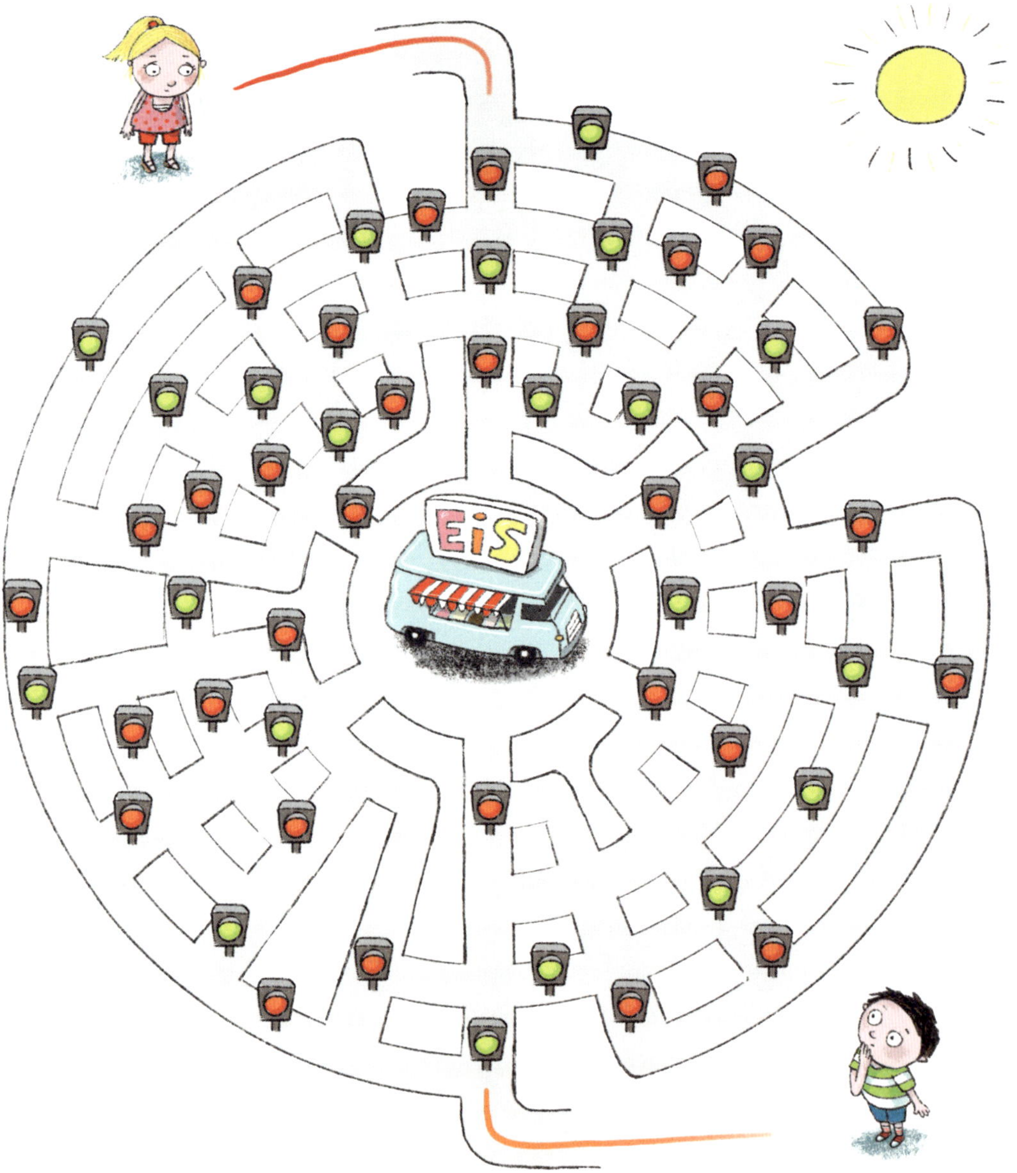

Über den Wolken

Wie viele **ENGEL** haben sich in diesem Suchsel versteckt? Suche von links nach rechts und von oben nach unten und kreise die Wörter ein.

E	A	S	H	I	P	Z
N	K	E	N	G	E	L
G	D	Q	O	U	N	C
E	C	B	H	Y	G	F
L	G	E	P	B	E	K
X	E	N	G	E	L	J
T	T	G	S	N	W	O
J	R	E	N	G	E	L
M	U	L	D	E	A	R
V	M	I	V	L	Q	F

Was gehört zusammen?

Immer 2 Dinge gehören zusammen. Verbinde sie.
Male alles bunt an.

Im dunklen Wald

Oje, die Tannen haben alle Äste verloren.
Zeichne sie schnell wieder dazu.

Suche die Verkehrszeichen!

Zähle: Wie viele Stopp-Schilder 

, Ampeln  und Fußgängerüberwege  findest du im Bild?

☐ 

☐ 

☐ 

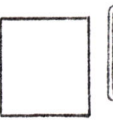

Flotte Sprüche

Lass dir die Zungenbrecher vorlesen und sprich sie schnell nach. Du kannst auch die Zeit stoppen.

Ferkel Ferdi furzt fünfmal,
fünfmal furzt Ferkel Ferdi.

Friseur Flo föhnt flotte Frisuren,
flotte Frisuren föhnt Friseur Flo.

Flamingo Fiona frisst frischen Fisch,
frischen Fisch frisst Flamingo Fiona.

Denke dir eigene Zungenbrecher zu Wörtern mit **F** aus,
zum Beispiel zu „Frosch“ oder „Fliege“.

Grün ist gesund!

Welche Gemüsesorten sind grün? Verbinde sie mit dem **G** in der Mitte. Male das Gemüse dann noch bunt an.

Verrückte Buchstaben

Die 3 Buchstaben haben sich fein gemacht.
Male sie bunt an.

Wie wird das Wetter?

Suche die 6 Wetter-Wörter im Suchsel und male sie farbig an.

REGEN

SONNE

REGENBOGEN

SCHNEE

A	J	G	R	T	E	A	R
V	S	N	E	R	H	J	E
N	F	I	G	F	C	M	G
Y	S	D	E	U	X	P	E
S	O	N	N	E	M	G	N
C	D	Q	C	U	Z	Q	B
H	Y	L	B	M	K	P	O
N	Q	C	L	W	E	H	G
E	L	W	I	N	D	B	E
E	H	J	T	L	F	K	N
I	R	A	Z	V	T	G	X
W	O	D	O	Z	B	K	E

WIND

BLITZ

Suche die Ausschnitte!

Welche 3 Teile findest du im Bild wieder?
Kreuze sie an und male dann das Bild bunt aus.

Wo hörst du das l?

Sprich die Wörter und kreuze an, wo du ein l hörst:
Am Anfang, in der Mitte oder am Ende?

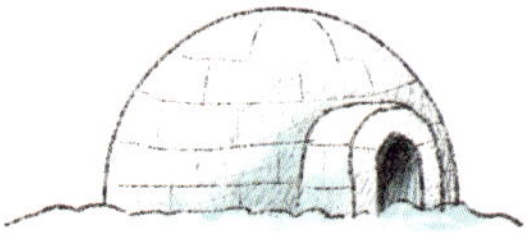

Um Mitternacht

Schreibe die Zahlen an die richtigen Stellen im Bild.
Male es dann bunt an.

Fruchtmischung

Zähle alle Äpfel, Bananen und Kirschen.

Es sind ☐ , ☐  und ☐ .

Schreibe das große I!

Fahre das große I mit 5 verschiedenen bunten Stiften nach.

Der Name dieses stacheligen Tieres beginnt mit einem I. Schreibe den Anfangsbuchstaben in das Kästchen.

☐ GEL

Hier kannst du das I üben:

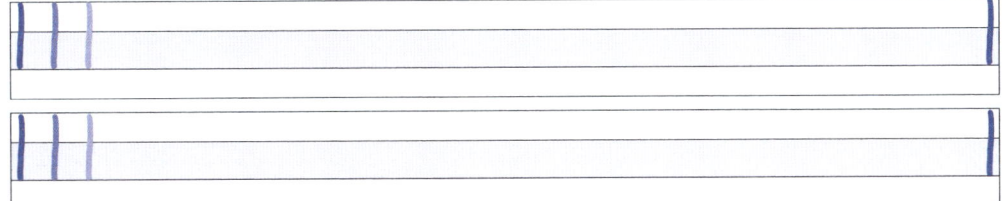

Auf Wörtersuche

Finde die Wörter mit **H** im Suchsel und färbe sie ein.

HAMSTER

HAHN

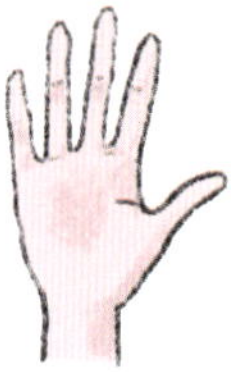

HAND

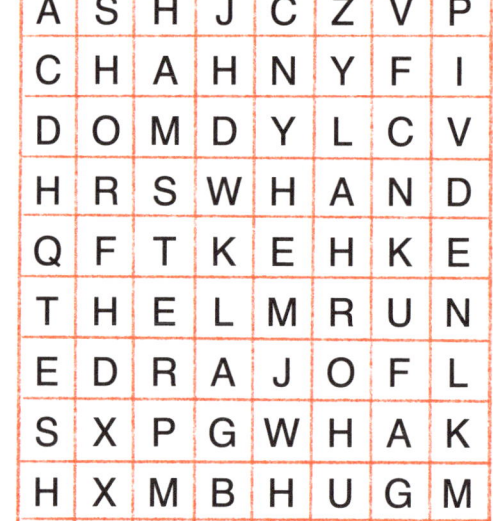

A	S	H	J	C	Z	V	P
C	H	A	H	N	Y	F	I
D	O	M	D	Y	L	C	V
H	R	S	W	H	A	N	D
Q	F	T	K	E	H	K	E
T	H	E	L	M	R	U	N
E	D	R	A	J	O	F	L
S	X	P	G	W	H	A	K
H	X	M	B	H	U	G	M
A	U	G	B	Q	P	N	Z
S	J	H	O	S	E	T	I
E	M	N	P	I	L	B	O

HASE

HOSE

HELM

HUPE

Seepferdchen-Tanz

Male jedes Seepferdchen fertig.
Lass dann alle Seepferdchen in bunten Farben im Meer tanzen. Magst du noch ein paar Fische dazumalen?

Findest du den richtigen Weg?

Wie kommt das kleine Kätzchen zu seiner Mutter?
Es darf nur die Steine mit **K** betreten.

L	L	L	T	T	L	F	F	F	T	F	L	L	K	T
T	T	F	L	K	L	X	X	F	F	T	T	X	K	E
L	X	X	T	L	K	F	F	F	L	W	K	K	K	X
F	W	W	K	K	K	F	T	K	L	W	K	E	E	F
E	T	W	K	X	K	T	F	T	F	W	K	T	F	E
F	X	W	K	X	K	K	K	W	W	W	K	T	E	E
X	X	W	K	T	E	F	K	K	K	K	K	T	E	F
T	E	F	K	K	K	X	X	T	E	F	F	T	E	X
E	T	F	L	E	K	T	E	F	L	T	T	E	L	L
E	L	L	F	X	K	K	K	X	T	E	W	W	W	W
F	T	E	F	W	W	W	K	K	K	K	W	W	W	W
L	K	F	F	T	L	W	W	W	W	K	W	W	W	W
L	T	K	F	E	L	K	K	K	K	K	T	E	F	X
X	L	T	K	K	K	K	L	T	E	F	F	X	L	E
E	K	K	K	L	X	W	W	W	L	T	E	F	L	F
K	K	X	L	T	E	W	W	W	T	E	F	X	L	K
K	X	T	E	F	X	W	W	W	T	L	F	E	F	L

Formen zählen

Wie viele Formen siehst du unten im Bild?
Zähle und schreibe die Zahlen auf.

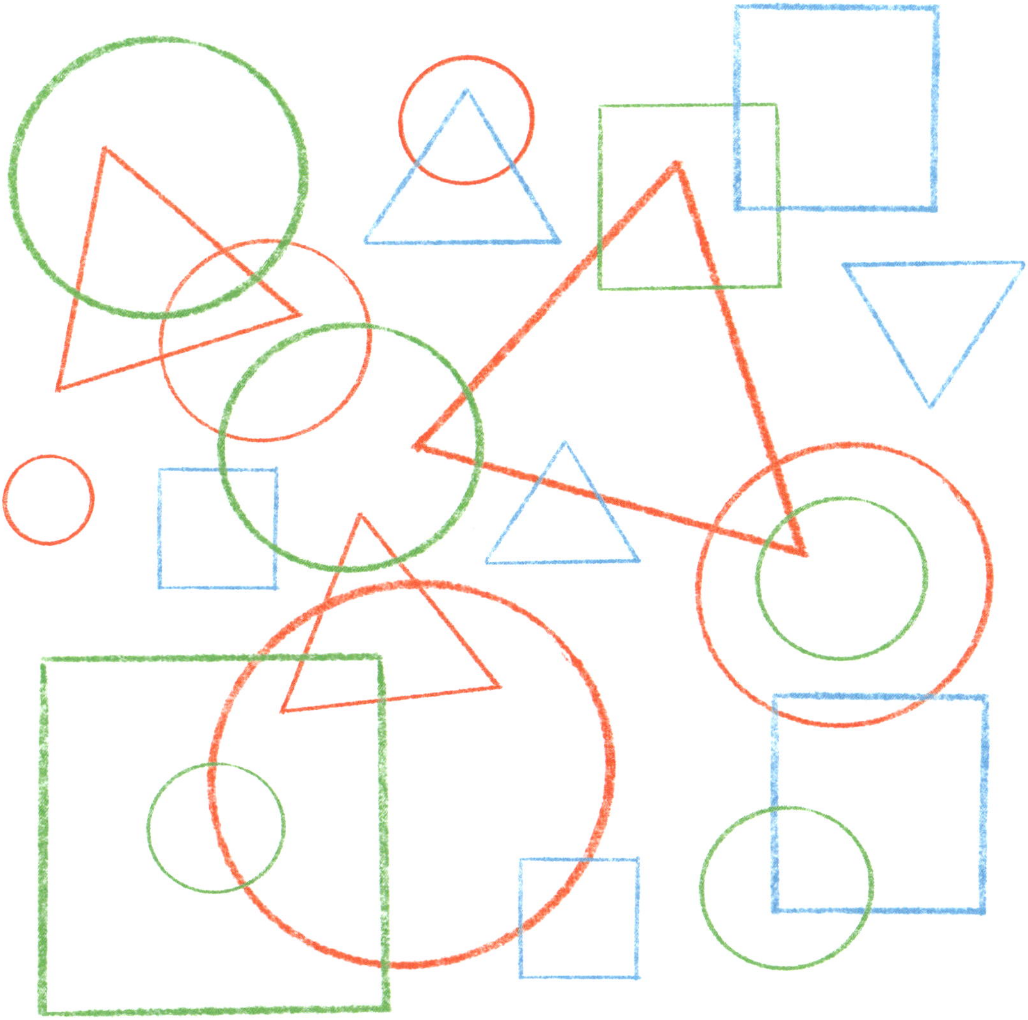

○ : ___ △ : ___ □ : ___ ○ : ___ △ : ___ □ : ___

Wer lebt wo?

Immer 3 Tiere leben am selben Ort. Unter der Erde, am Teich, im Wald oder in den Bergen. Verbinde sie.

LuLa-Land

Im Land der Langen LuLatsche besteht alles aus Langen L! Fahre jedes L farbig nach. Wie viele L zählst du?

Es sind ☐☐ L.

Nur kräftig pusten

So schöne Seifenblasen! Magst du sie ganz bunt anmalen?

Muster im Schnee

Nimm einen Stift und folge den Spuren der Tiere.

Zick-Zack

Familie Igel fehlen ihre spitzen Stacheln.
Magst du sie einzeichnen?

Nudelsuppe

Der Nikolaus liebt Buchstaben-Suppe. Aber er isst nur den Buchstaben **N**. Kreise alle **N** im Suppentopf ein. Wie viele sind es?

In der Suppe schwimmen ☐ **N**.

Knack die Nuss!

In jeder Nuss ist ein Wort mit **N** versteckt.
Kennst du es und kannst es schon richtig aufschreiben?
Sonst lass dir beim Schreiben helfen.

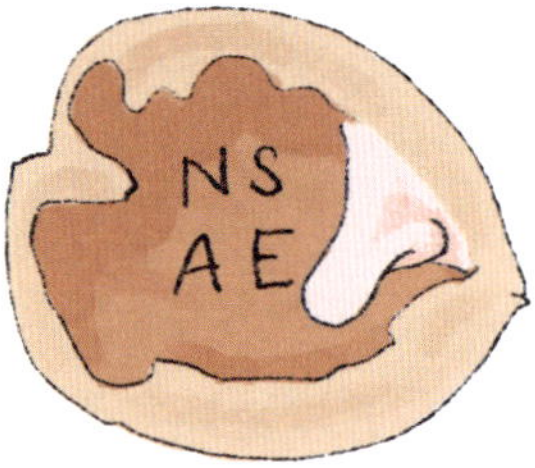

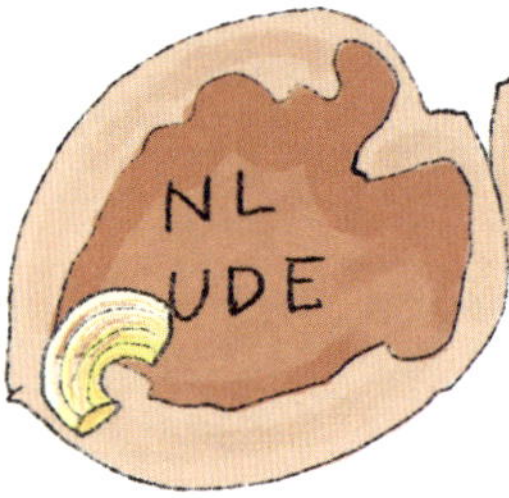

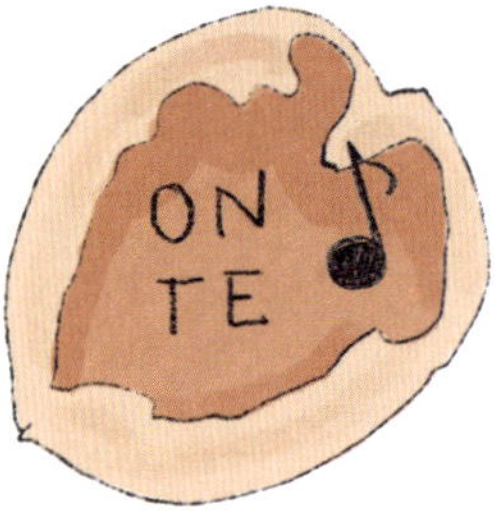

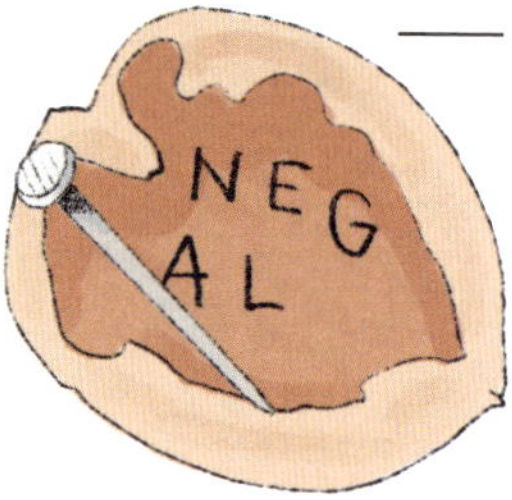

Schreibe das große O!

Fahre das große O mit 5 verschiedenen bunten Stiften nach.

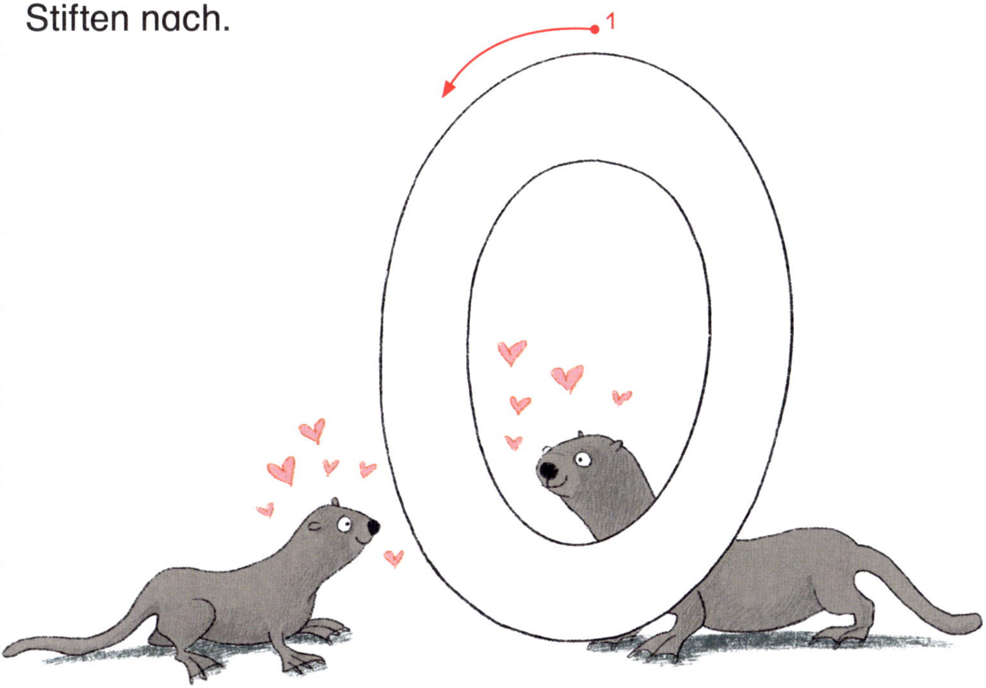

Dieses Tier lebt in der Nähe des Wassers und sein Name beginnt mit einem O. Schreibe den Anfangsbuchstaben in das Kästchen.

☐TTER

Hier kannst du das O üben:

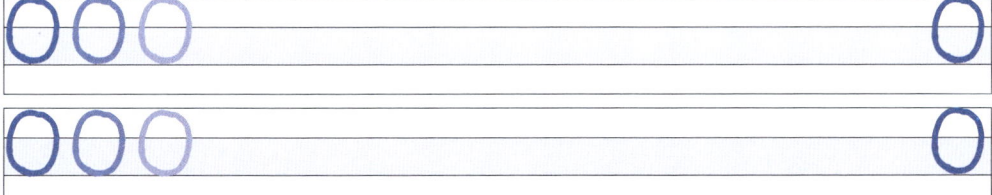

O O O O

O O O O

Was hörst du am Anfang?

Sprich die Wörter laut aus und höre genau hin.
Verbinde mit dem richtigen Buchstaben.

A

E

C

E

D

B

F

D

C

G

H

A

F

D

C

G

Gut versteckt!

Vater Hahn steht auf dem Misthaufen und zählt seine Küken. 10 müssen es sein. Findest du sie alle? Kreise ein.

Versteckspiel

Wie oft haben sich **OMA** und **OPA** in diesem Suchsel versteckt? Suche von links nach rechts und von oben nach unten. Male die Felder aus.

B	O	M	A	G	O	P	A
E	N	X	D	Z	V	D	T
O	Q	O	P	A	I	O	E
M	K	P	C	N	Y	M	L
A	U	A	S	O	M	A	Y
W	J	W	F	M	H	G	O
O	P	A	C	A	D	R	P
L	I	R	U	X	B	K	A
O	M	A	H	C	R	O	G
H	F	E	O	S	J	M	B
Q	Z	N	P	K	I	A	L
J	O	P	A	Q	V	T	F

OMA: ☐ **OPA:** ☐

P wie Papagei

Verbinde die Bilder, die mit einem **P** anfangen, mit dem Buchstaben in der Mitte.

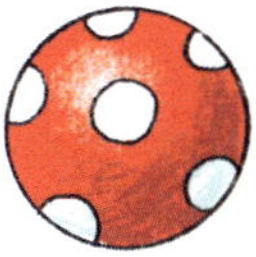

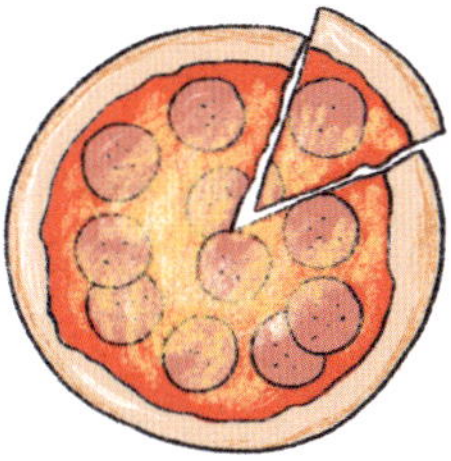

P

Auf zur Halloween-Party

Die kleine Hexe möchte zur Halloween-Party.
Auf dem Weg dorthin begegnet sie vielen Gästen.
Wen nimmt sie alles mit?

Mehr verrückte Buchstaben

Diese 3 Buchstaben haben sich fein gemacht.
Male sie bunt an.

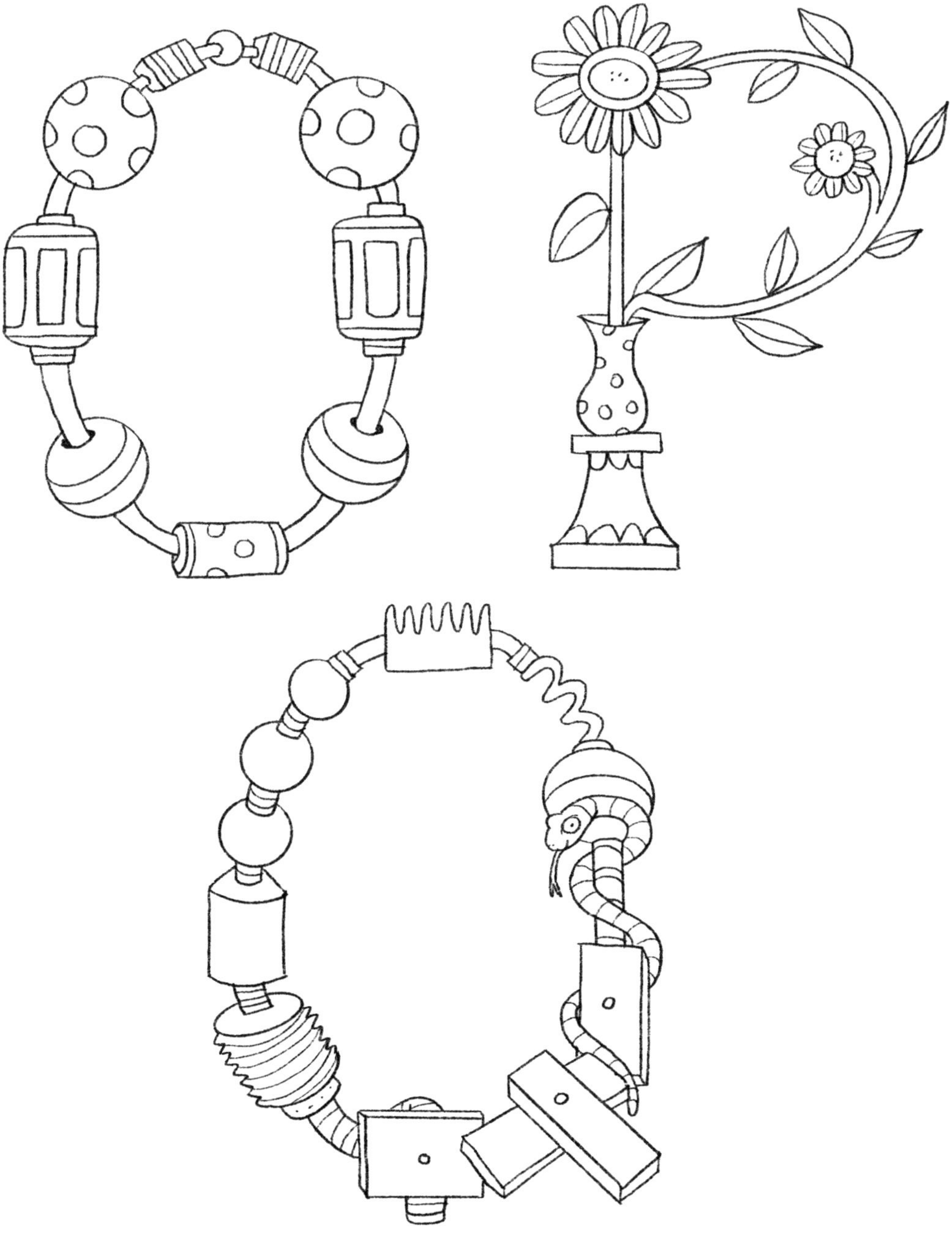

Großes O mit kleinem Strich!

Aus jedem großen O wird mit einem kleinen Strich
ein großes Q. Fahre die O nach und ergänze die Striche.

Gleich gefleckt

Jeder Welpe hat die gleichen Flecken wie seine Mutter.
Verbinde die beiden.

Bunte Eier

Fahre die Ostereier nach. Schaffst du es einmal rum, ohne den Stift abzusetzen?
Verziere die Eier mit bunten Mustern.

Wo hörst du ein R?

In jeder Reihe beginnt ein Wort nicht mit einem R. Streiche es durch. Achtung, einmal sind es sogar zwei Wörter. Male die Bilder mit R an.

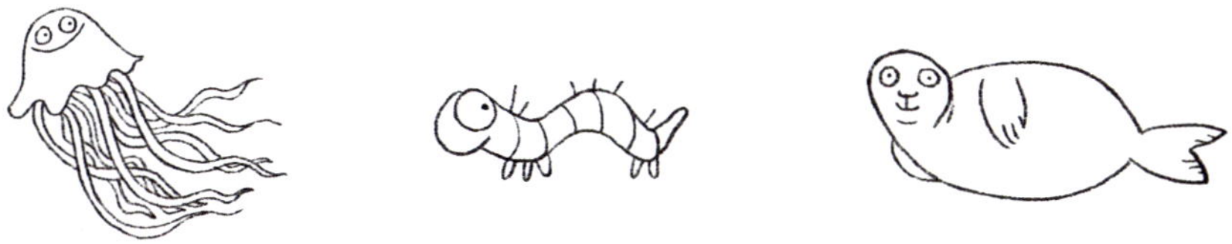

Schlangenspuren

Wohin führen die Spuren? Fahre sie mit den 4 Farben nach und male die Schlangen in derselben Farbe an.
Beginne im Nest.

Wie im Märchen

Male das Bild in der Reihe an, das etwas anders aussieht als das farbige Bild ganz vorne. Achtung: Einmal sind sogar zwei Figuren anders.

Männlein auf einem Bein

So viele leckere Pilze! Und alle ohne Stiel.
Male sie schnell fertig!

Bunte Dächer

Jedes Turmdach hat eine andere Farbe. Ergänze die farbigen Dachziegel. Male das Bild fertig an.

Wo hörst du das U?

Sprich die Wörter und kreuze an, wo du ein U hören kannst: Am Anfang, in der Mitte oder am Ende? Achtung, bei einem Wort kannst du das U an 2 Stellen hören.

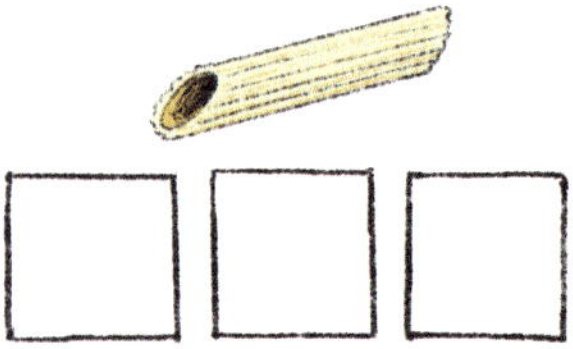

Mal frische Luft schnappen

Wurm Wusel möchte mal wieder an die Erdoberfläche. Doch an jedem Ausgang sitzt ein Vogel und wartet auf ihn. Nur ein Weg ist frei, findest du ihn?

Schreibe das große U!

Fahre das große **U** mit 5 verschiedenen bunten Stiften nach.

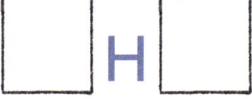

Dieses Nachttier hat am Anfang und am Ende seines Namens ein **U**. Schreibe die beiden Buchstaben in die Kästchen.

☐ H ☐

Hier kannst du das **U** üben:

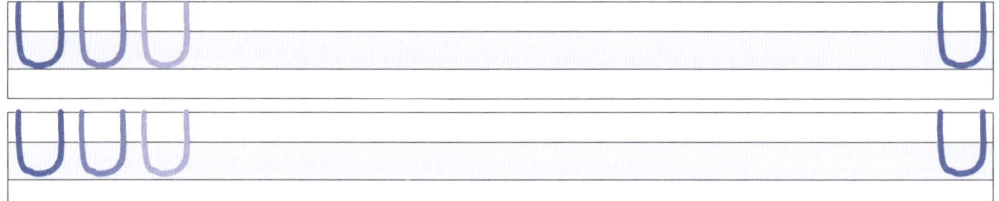

U U U U

U U U U

Von A bis K

Verbinde die Buchstaben in der richtigen Reihenfolge und du siehst, wer sich hier versteckt. Male das Bild bunt an.

So ein Gewimmel!

So viele Ameisen und alle sehen gleich aus.
Nur eine nicht, das ist die Königin.
Findest du sie?

Die Kraniche fliegen davon!

Wie viele **V** findest du in diesem Bild?
Fahre sie farbig nach und zähle.

W wie Wurst

Verbinde die Bilder, die mit einem **W** anfangen, mit dem Buchstaben in der Mitte.

Suche die Ausschnitte!

Welche 2 Teile findest du im Bild wieder?
Kreuze sie an und male dann das Bild bunt aus.

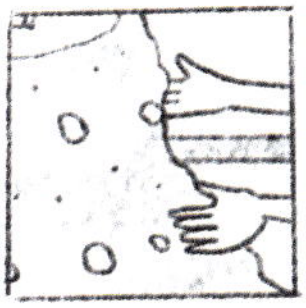

Gekreuzte Männchen

Wer ist hier zu sehen?
Fahre die Symbole farbig nach.

X = schwarz ✳ = braun △ = gelb □ = grün ○ = hellblau

Im Zoo

Findest du die Tiere im Zoo? Schreibe die Zahlen an die richtigen Stellen im Bild. Male es bunt an.

Kennst du diesen Buchstaben?

Male alle Felder mit einem Kreis pink, mit einem Quadrat lila und mit Dreiecken hellblau an.

Wo hörst du ein Z?

In jeder Reihe beginnt ein Wort nicht mit einem **Z**. Streiche es durch. Achtung, zweimal sind es sogar zwei Wörter. Male die Bilder mit **Z** an.

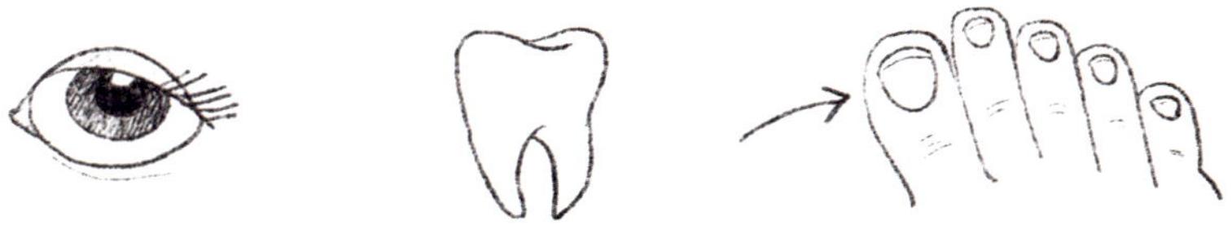

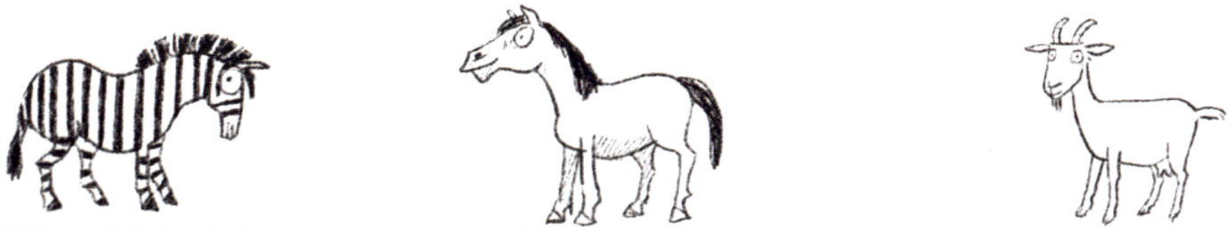

2 5 12 7

Buntes Strandgetümmel

Finde die 8 Fehler im unteren Bild und kreise sie ein.

Wie heißen diese Blumen?

Verbinde mit dem richtigen Anfangsbuchstaben.

R
B

K
P

N
T

J
L

S
N

N
M

Suche das AU!

Finde die Wörter mit **AU** im Suchsel und färbe sie ein.

Wenn du A und U hintereinanderschreibst und laut liest, hörst du ein AU.

KAULQUAPPE

ZAUBERER

LAUS

AUTO

HAUS

TAUBE

MAUS

W	A	Z	E	K	W	D	T
F	V	A	M	A	U	T	O
R	P	U	Z	U	O	G	I
H	J	B	Z	L	A	U	S
O	N	E	A	Q	U	S	C
Y	G	R	M	U	R	X	K
C	B	E	C	A	H	N	B
S	E	R	V	P	E	U	F
D	Z	T	I	P	A	L	H
T	A	U	B	E	Q	X	A
B	U	L	D	F	P	K	U
Q	N	J	Y	M	A	U	S

ZAUN

Hier kannst du das **AU** üben:

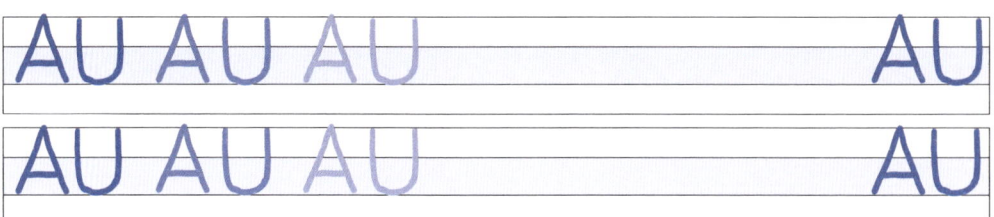

AU AU AU AU

AU AU AU AU

Abc-Schnecke

Fahre die Buchstaben von A bis Z 3-mal farbig nach.

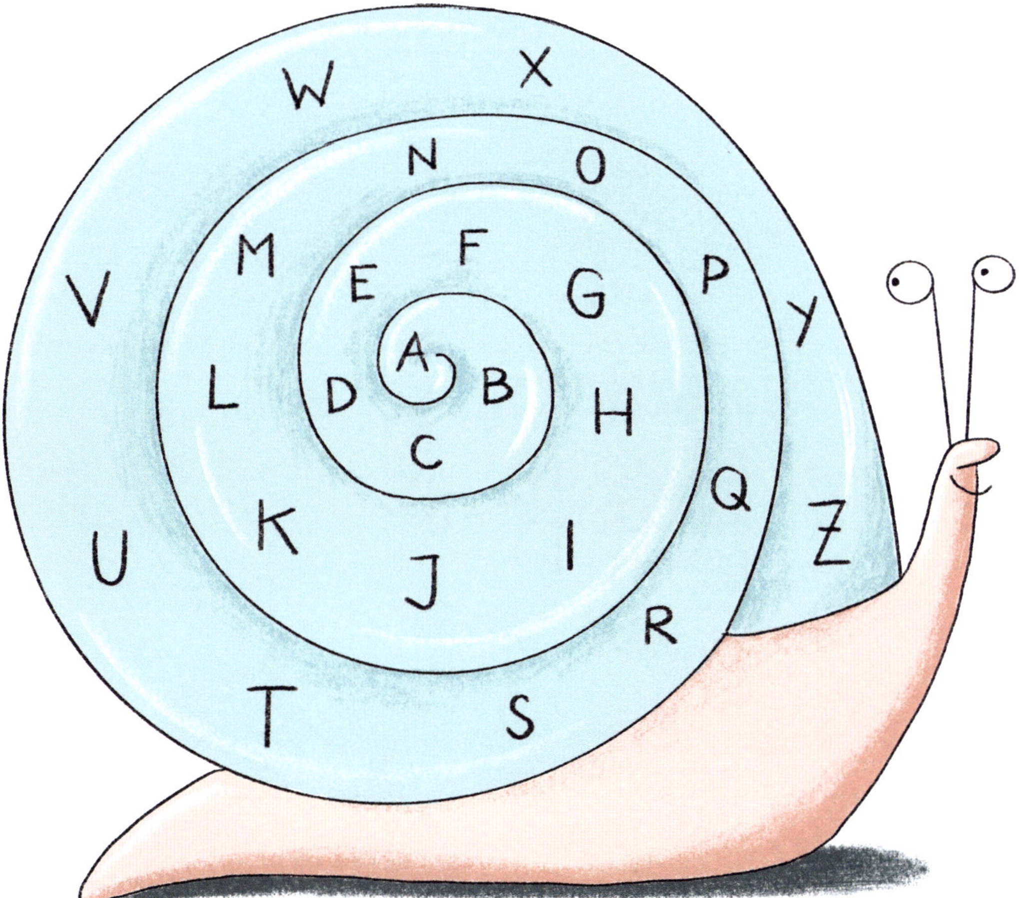

Schreibe das **Abc** rückwärts auf:

Z

A

EU wie Eule und Euter

Verbinde die Bilder mit einem **EU** mit den beiden Buchstaben in der Mitte.

Wenn du E und U hintereinanderschreibst und laut liest, hörst du ein EU.

EU

9

Hier kannst du das **EU** üben:

EU EU EU EU

EU EU EU EU

Von A bis Z

Verbinde die Buchstaben des Abc in der richtigen Reihenfolge.

Wo hörst du das EI?

Wenn du E und I hintereinanderschreibst und laut liest, hörst du ein EI.

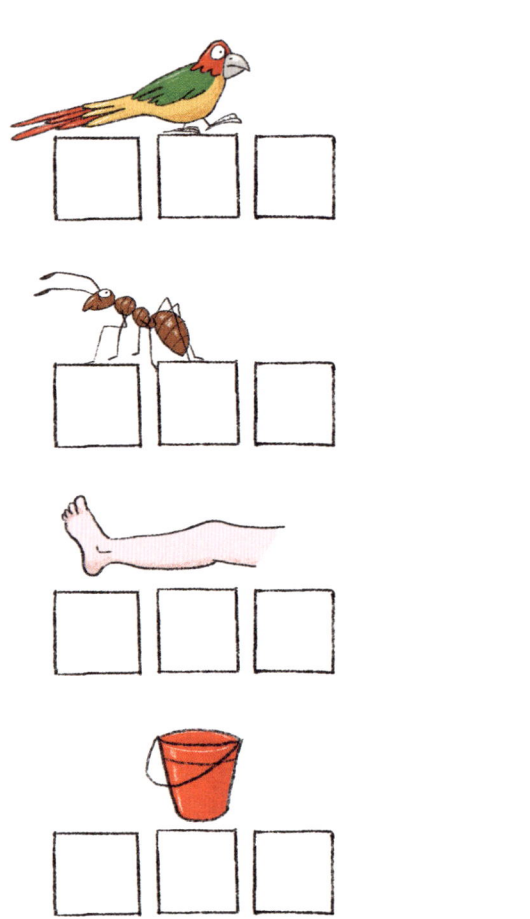

Sprich die Wörter und kreuze an, wo du ein EI hören kannst: Am Anfang, mitten im Wort oder am Schluss?

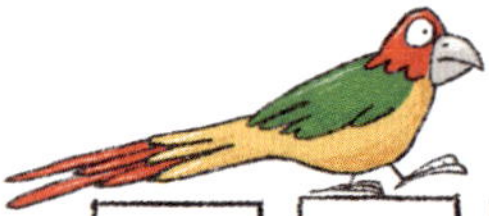

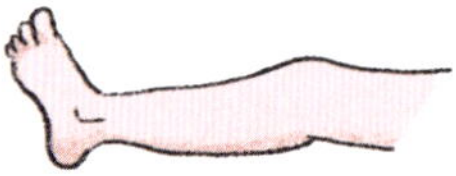

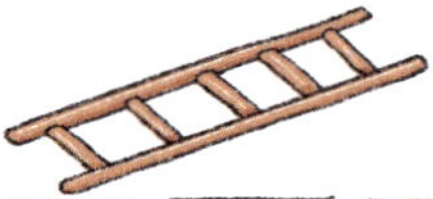

Hier kannst du das EI üben:

EI EI EI EI

EI EI EI EI

Buchstaben-Gesichter

Hier verstecken sich 5 Buchstaben, die du gut hören kannst.
Finde sie und fahre sie nach.
Wenn du magst, kannst du das Bild noch bunt machen.

Auf der Baustelle

Suche die 8 Wörter im Suchsel.

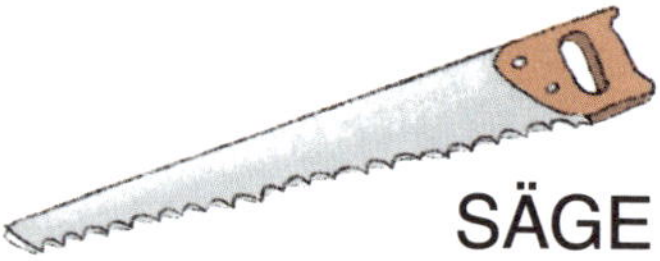

SÄGE

HAMMER

HELM

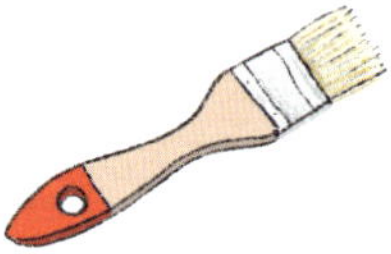

PINSEL

N	Ä	Z	C	G	Q	U	Ü	P	Z
R	L	E	Q	T	S	Y	F	I	O
H	E	L	M	T	C	M	D	N	P
E	I	Y	Ä	I	H	P	G	S	I
M	T	V	G	H	A	M	M	E	R
D	E	P	S	A	U	W	S	L	C
A	R	C	J	K	F	Q	N	B	X
F	J	S	Ä	G	E	S	X	V	E
W	B	L	O	M	L	K	W	I	Ö
Y	K	A	X	Ü	A	R	F	T	L
Ö	W	U	J	H	D	A	Z	H	B
R	H	N	R	U	L	N	V	O	K

SCHAUFEL

LEITER

LKW

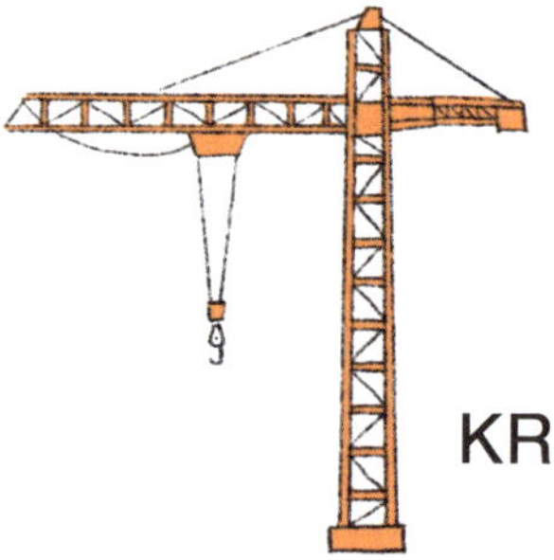

KRAN

Schneide das Blatt an den gestrichelten Linien auseinander.

Schneide das Blatt an den gestrichelten Linien auseinander.

AFFE

BUCH

CLOWN

DINO

SPIELANLEITUNG 1

Spielvorbereitung

Aus den nächsten 6 Blättern kannst du ein Abc-Kartenspiel basteln. Reiße dazu die Blätter vorsichtig aus dem Block heraus und schneide die Spielkarten an den gestrichelten Linien entlang aus. Mischt alle Karten. Verteilt sie auf alle Spieler. Bei 2 Mitspielern erhält jeder 10 Karten. Die restlichen Karten liegen verdeckt auf dem Tisch. Wer eine gesuchte Karte nicht bekommt, nimmt die oberste Karte des Stapels.

Spielziel

Immer eine Bild- und eine Wortkarte gehören zusammen. Wer am Ende die meisten Kartenpaare abgelegt hat, hat gewonnen.

ENTE

FISCH

SPIELANLEITUNG 2

Spielbeginn

Schaut zuerst nach, ob ihr schon Wort-Bild-Paare habt, und legt diese offen ab, sodass alle sie sehen können. Nennt dabei immer den Namen des Bildes.
Der jüngste Spieler beginnt und fragt einen Mitspieler nach einer ihm fehlenden Bild- oder Wort-Karte.
Hat der Mitspieler diese Karte, muss er sie abgeben. Der Spieler darf weiterfragen. Hat der Mitspieler die Karte nicht, dann ist er an der Reihe. Sobald ein Spieler ein zusammenpassendes Paar hat, legt er dieses offen vor sich auf den Tisch und nennt das Wort. Hat ein Spieler keine Karten mehr, so scheidet er aus und sein linker Nachbar darf weiterfragen.

GIRAFFE

Schneide das Blatt an den gestrichelten Linien auseinander.

ABC-DUETT

ABC-DUETT
ABC-DUETT
ABC-DUETT
ABC-DUETT
ABC-DUETT
ABC-DUETT
ABC-DUETT
ABC-DUETT

Schneide das Blatt an den gestrichelten Linien auseinander.

HASE

IGEL

JAGUAR

KATZE

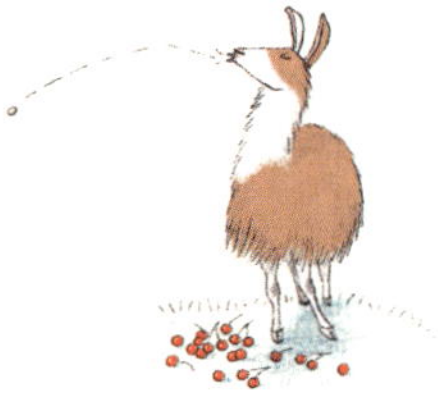

LAMA

MAUS

NASHORN

OTTER

PINGUIN

Schneide das Blatt an den gestrichelten Linien auseinander.

Schneide das Blatt an den gestrichelten Linien auseinander.

QUALLE

RABE

SEESTERN

TIGER

UHU

VOGEL

WAL

XYLOFON

YAK

Schneide das Blatt an den gestrichelten Linien auseinander.

Schneide das Blatt an den gestrichelten Linien auseinander.

Schneide das Blatt an den gestrichelten Linien auseinander.

Schneide das Blatt an den gestrichelten Linien auseinander.

Schneide das Blatt an den gestrichelten Linien auseinander.

ABC-DUETT

ABC-DUETT
ABC-DUETT
ABC-DUETT
ABC-DUETT
ABC-DUETT
ABC-DUETT
ABC-DUETT
ABC-DUETT

Schneide das Blatt an den gestrichelten Linien auseinander.

LÖSUNGEN

Seite 3:

Seite 4:

Seite 5:

Seite 6:

Seite 7:

Seite 8:
Der große Vogel ist ein ADLER.

Seite 9:

Seite 10:

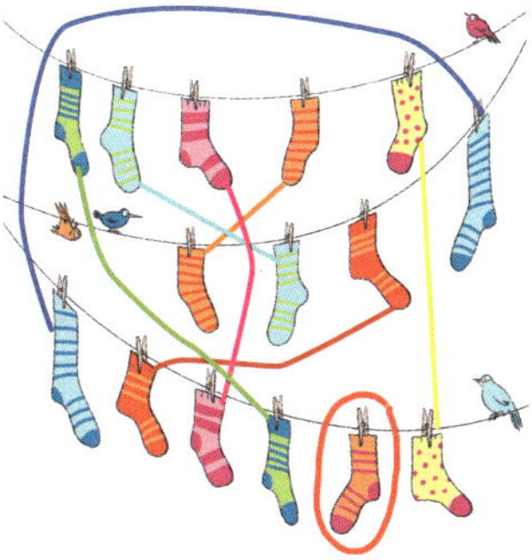

Seite 12:

Es sind 6 , 8 

und 5 .

Seite 13:

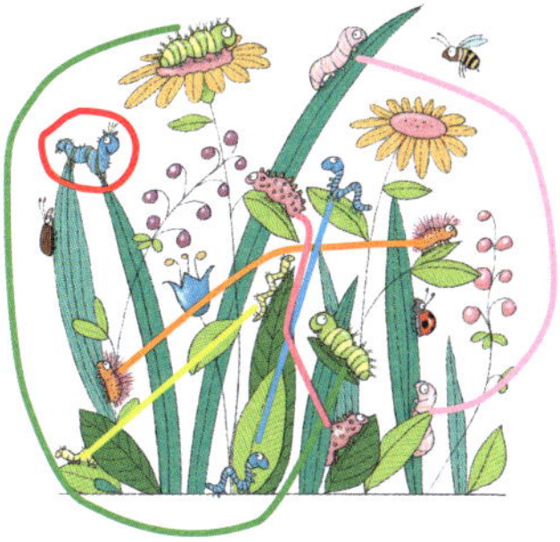

Seite 14:

Seite 15:
Darias Freundinnen sind ein DACKEL, ein DELFIN, ein DACHS und ein DALMATINER.

Seite 16:
Das Wassertier ist eine ENTE.

Seite 17:

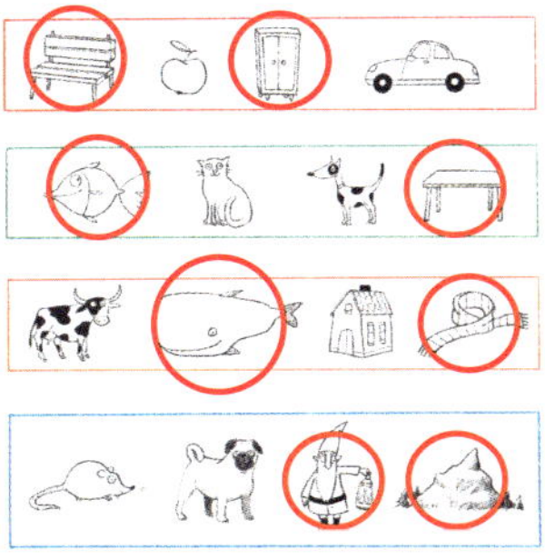

Seite 18:

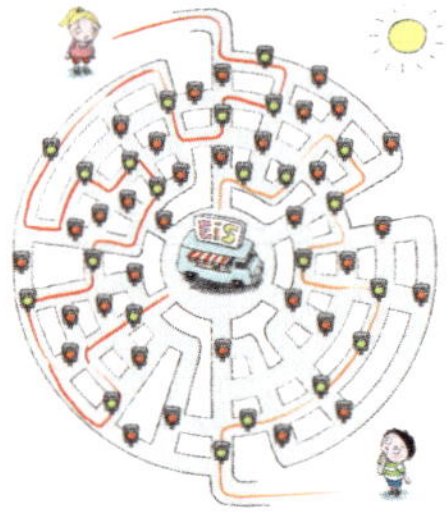

Seite 19:

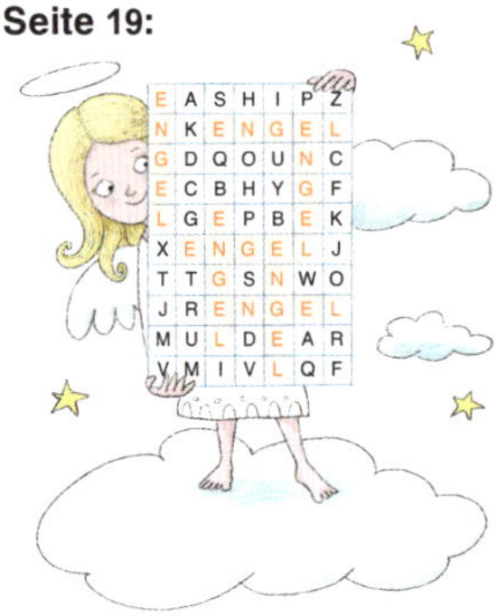

Seite 20:

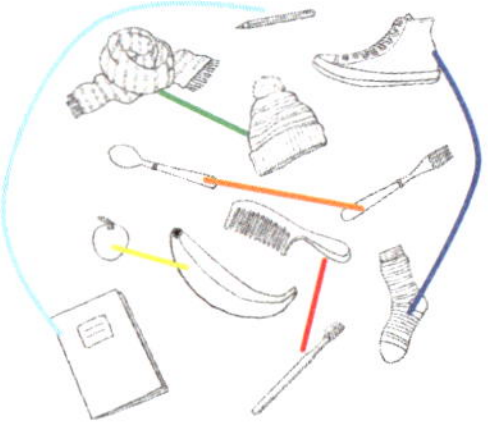

Seite 22:

Es sind 2 , 4  und 2 .

Seite 24:

Diese Gemüsesorten sind grün: Gurken, Salat, Bohnen, Brokkoli.

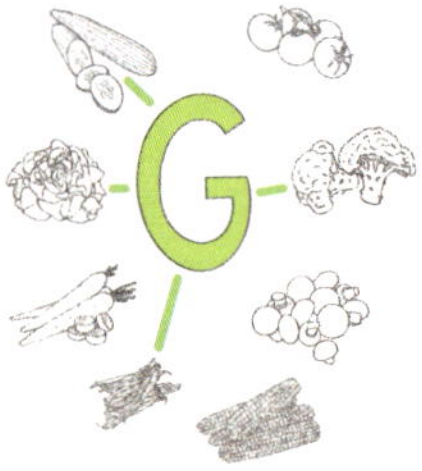

Seite 26:

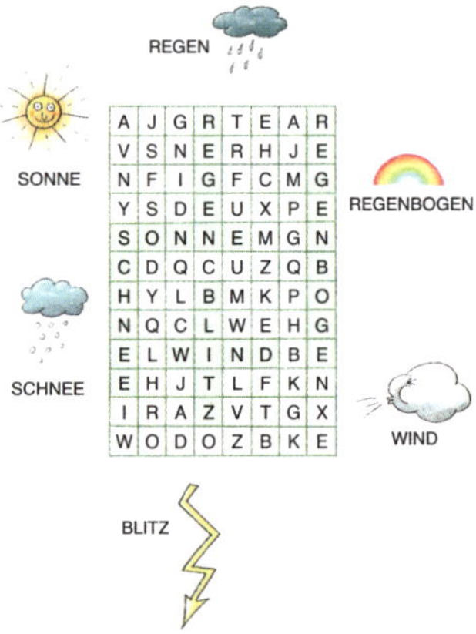

REGEN
SONNE
REGENBOGEN
SCHNEE
WIND
BLITZ
A J G R T E A R
V S N E R H J E
N F I G F C M G
Y S D E U X P E
S O N N E M G N
C D Q C U Z Q B
H Y L B M K P O
N Q C L W E H G
E L W I N D B E
E H J T L F K N
I R A Z V T G X
W O D O Z B K E

Seite 27:

Seite 28:

Seite 29:

Seite 30:

Es sind 5 , 4  und 6 .

Seite 31:

Das stachelige Tier ist ein IGEL.

Seite 32:

Seite 34:

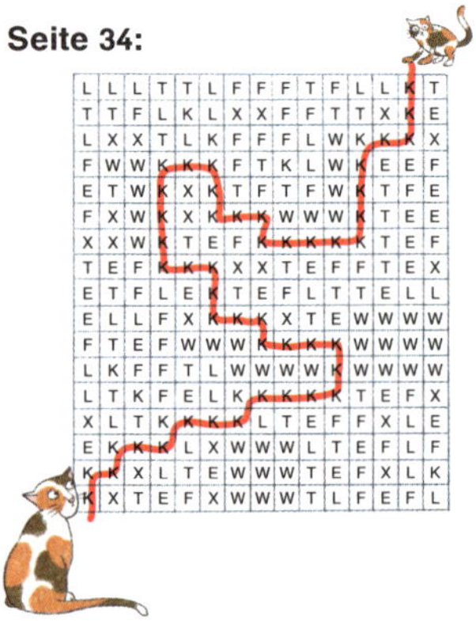

Seite 35:

○: 4 △: 3 □: 2 ○: 5

△: 3 □: 4

Seite 36:

Seite 37:

Es sind **10 L**.

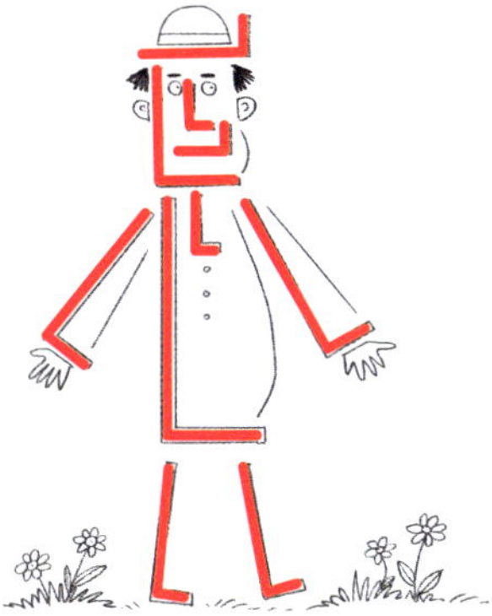

Seite 39:

Seite 41:

In der Suppe schwimmen **8 N**.

Seite 42:

Die Wörter mit **N** sind:

NASE
NUDEL
NIXE
NOTE
NAGEL
NEUN
NEST

Seite 43:

Das Tier ist ein OTTER.

Seite 44:

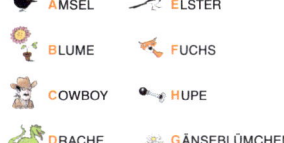

AMSEL ELSTER
BLUME FUCHS
COWBOY HUPE
DRACHE GÄNSEBLÜMCHEN

Seite 45:

Seite 46:

OMA und **OPA** haben sich beide **7**-mal im Suchsel versteckt.

B	O	M	A	G	O	P	A
E	N	X	D	Z	V	D	T
O	Q	O	P	A	I	O	E
M	K	P	C	N	Y	M	L
A	U	A	S	O	M	A	Y
W	J	W	F	M	H	G	O
O	P	A	C	A	D	R	P
L	I	R	U	X	B	K	A
O	M	A	H	C	R	O	G
H	F	E	O	S	J	M	B
Q	Z	N	P	K	I	A	L
J	O	P	A	Q	V	T	F

Seite 47:

Seite 48:

Die Hexe nimmt das Gespenst, den Kürbis, die Fledermaus, die Eule und die schwarze Katze mit.

Seite 51:

Seite 52:

Seite 53:

Seite 54:

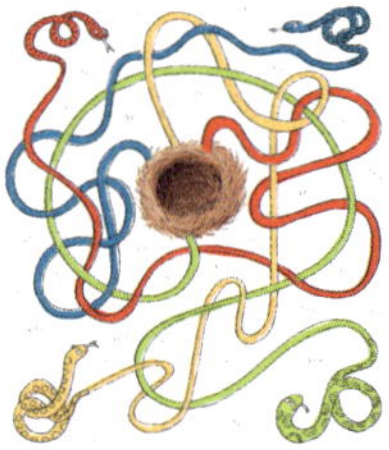

Seite 55:

Seite 58:

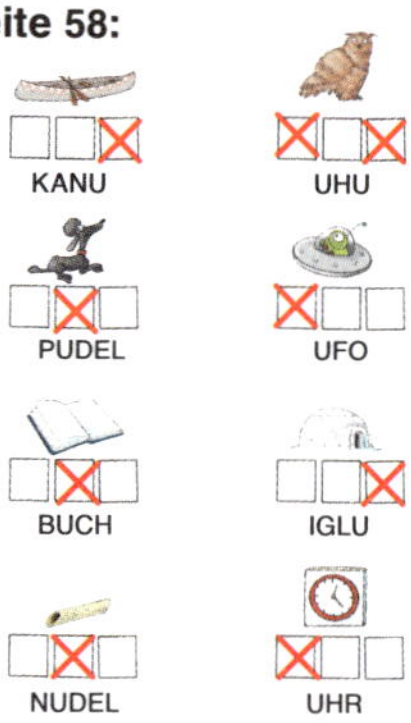

Seite 59:

Seite 60:

Das Nachttier ist ein UHU.

Seite 61:

Seite 62:

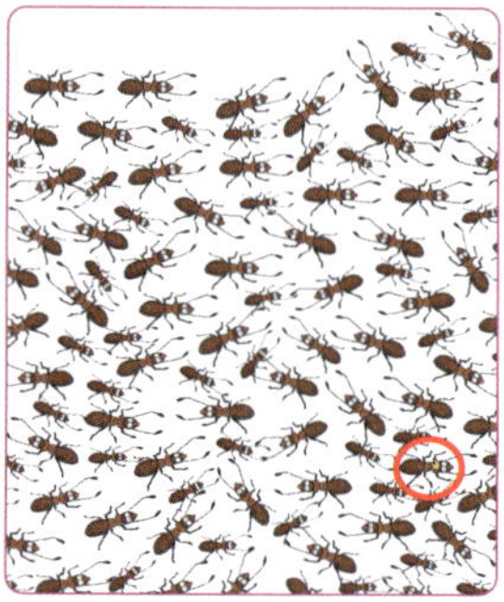

Seite 63:

Es sind 3 V.

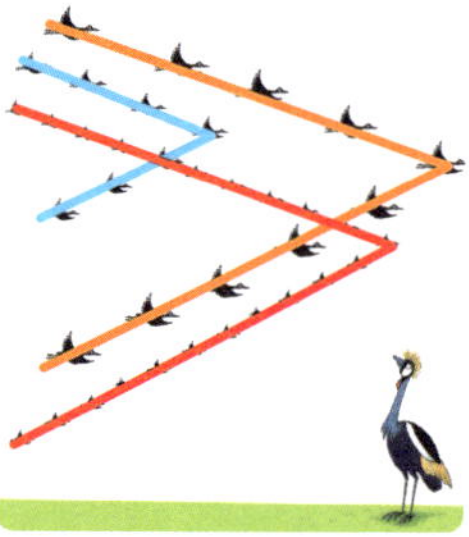

Seite 64:

Seite 65:

Seite 66:

Seite 67:

Seite 68:

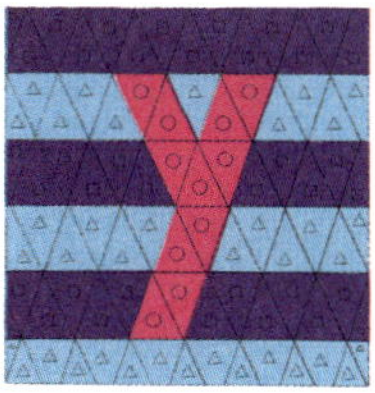

Seite 69:

Seite 70:

Seite 71:

Seite 72:

W	A	Z	E	K	W	D	T
F	V	A	M	A	U	T	O
R	P	U	Z	U	O	G	I
H	J	B	Z	L	A	U	S
O	N	E	A	Q	U	S	C
Y	G	R	M	U	R	X	K
C	B	E	C	A	H	N	B
S	E	R	V	P	E	U	F
D	Z	T	I	P	A	L	H
T	A	U	B	E	Q	X	A
B	U	L	D	F	P	K	U
Q	N	J	Y	M	A	U	S

Seite 73:

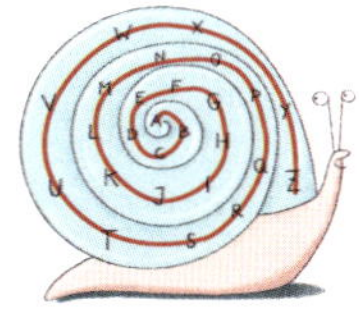

Abc rückwärts:

ZYXWVUTSRQPONM
LKJIHGFEDCBA

Seite 74:

Seite 75:

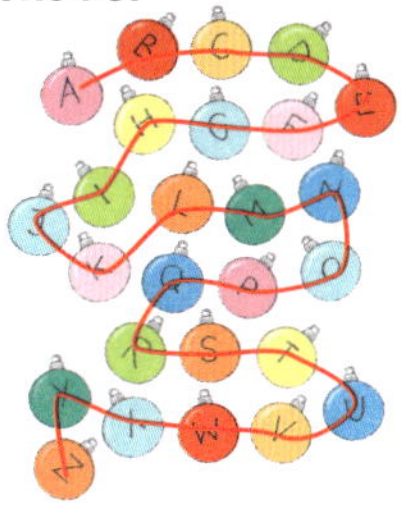

Seite 76:

Seite 77:

Seite 78:

N	Ä	Z	C	G	Q	U	Ü	P	Z
R	L	E	Q	T	S	Y	F	I	O
H	E	L	M	T	C	M	D	N	P
E	I	Y	Ä	I	H	P	G	S	I
M	T	V	G	H	A	M	M	E	R
D	E	P	S	A	U	W	S	L	C
A	R	C	J	K	F	Q	N	B	X
F	J	S	Ä	G	E	S	X	V	E
W	B	L	O	M	L	K	W	I	Ö
Y	K	A	X	Ü	A	R	F	T	L
Ö	W	U	J	H	D	A	Z	H	B
R	H	N	R	U	L	N	V	O	K

 Konzept und Text: Christine Mildner
Illustrationen: Sabine Rothmund | Grafik: Karin Kröll, Hamburg
Lektorat: Larissa Speer